Teach

Math

Tables

To

Your

Kid

[ZHINGOORA BOOKS]

Teach Math Tables To Your Kid

Digits

21 –Twenty One

22 - Twenty Two

23 - Twenty Three

24 - Twenty Four

25 - Twenty Five

26 - Twenty Six

27 - Twenty Seven

28 - Twenty Eight

29 - Twenty Nine

30 -Thirty

21 Times Table

$$21 \times 1 = 21$$

$$21 \times 2 = 42$$

$$21 \times 3 = 63$$

$$21 \times 4 = 84$$

$$21 \times 5 = 105$$

$$21 \times 6 = 126$$

$$21 \times 7 = 147$$

$$21 \times 8 = 168$$

$$21 \times 9 = 189$$

$$21 \times 10 = 210$$

22 Times Table

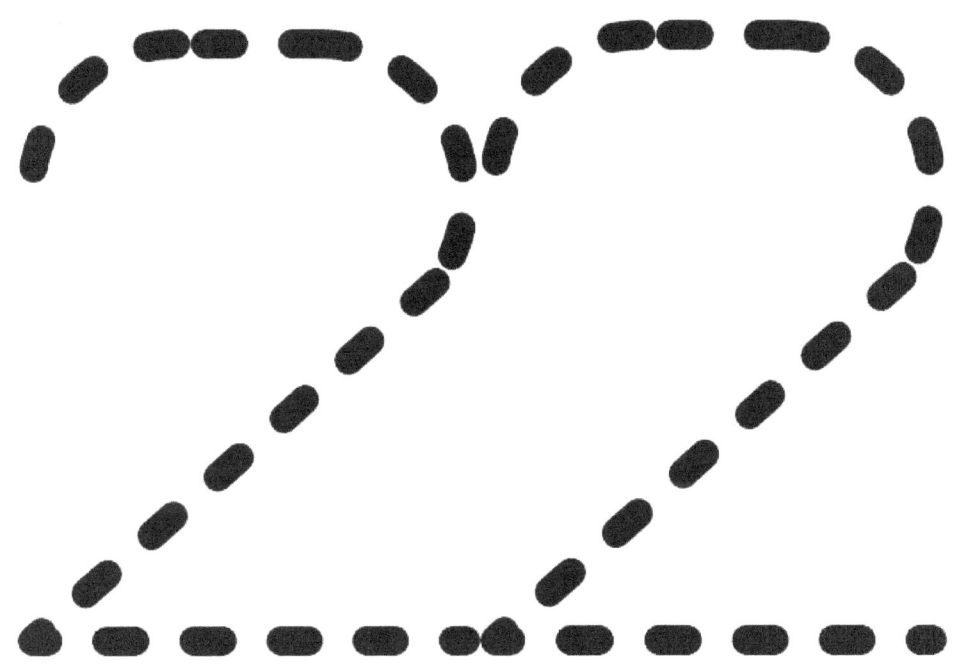

$$22 \times 1 = 22$$

$$22 \times 2 = 44$$

$$22 \times 3 = 66$$

$$22 \times 4 = 88$$

$$22 \times 5 = 110$$

$$22 \times 6 = 132$$

$$22 \times 7 = 154$$

$$22 \times 8 = 176$$

$$22 \times 9 = 198$$

$$22 \times 10 = 220$$

23 Times Table

23 x 1 = 23

23 x 2 = 46

23 x 3 = 69

23 x 4 = 92

23 x 5 = 115

23 x 6 = 138

23 x 7 = 161

23 x 8 = 184

23 x 9 = 207

23 x 10 = 230

24 Times Table

$$24 \times 1 = 24$$

$$24 \times 2 = 48$$

$$24 \times 3 = 72$$

$$24 \times 4 = 96$$

$$24 \times 5 = 120$$

$$24 \times 6 = 144$$

$$24 \times 7 = 168$$

$$24 \times 8 = 192$$

$$24 \times 9 = 216$$

$$24 \times 10 = 240$$

25 Times Table

$$25 \times 1 = 25$$

$$25 \times 2 = 50$$

$$25 \times 3 = 75$$

$$25 \times 4 = 100$$

$$25 \times 5 = 125$$

$$25 \times 6 = 150$$

$$25 \times 7 = 175$$

$$25 \times 8 = 200$$

$$25 \times 9 = 225$$

$$25 \times 10 = 250$$

26 Times Table

26 x 1 = 26

26 x 2 = 52

26 x 3 = 78

26 x 4 = 104

26 x 5 = 130

26 x 6 = 156

26 x 7 = 180

26 x 8 = 208

26 x 9 = 234

26 x 10 = 260

27 Times Table

27 x 1 = 27

27 x 2 = 54

27 x 3 = 81

27 x 4 = 108

27 x 5 = 135

27 x 6 = 162

27 x 7 = 189

27 x 8 = 216

27 x 9 = 243

27 x 10 = 270

28 Times Table

28 x 1 = 28

28 x 2 = 56

28 x 3 = 84

28 x 4 = 112

28 x 5 = 140

28 x 6 = 168

28 x 7 = 196

28 x 8 = 224

28 x 9 = 252

28 x 10 = 280

29 x 1 = 29

29 x 2 = 58

29 x 3 = 87

29 x 4 = 116

29 x 5 = 145

29 x 6 = 174

29 x 7 = 203

29 x 8 = 232

29 x 9 = 261

29 x 10 = 290

30 Times Table

$$30 \times 1 = 30$$

$$30 \times 2 = 60$$

$$30 \times 3 = 90$$

$$30 \times 4 = 120$$

$$30 \times 5 = 150$$

$$30 \times 6 = 180$$

$$30 \times 7 = 210$$

$$30 \times 8 = 240$$

$$30 \times 9 = 270$$

$$30 \times 10 = 300$$

End of the book.